悪魔の格言

AKUMA no KAKUGEN

逆視点からの恵みの発見

はい。わたくしこういう者でして
末長くよろしくお願いしますよ。
^^
日本支部
係長
悪之霊

画：のだますみ

作：水谷 潔

いのちのことば社

はじめに

みなさんは、「ひふみんアイ」をご存知でしょうか？　これは、将棋の対局中「ひふみん」こと加藤一二三九段が行ってきた戦法で、対戦相手の側に立ち、盤面を眺める動作のこと。実際に相手側の視点に立つことで、よい差し手を思いつくことがあるそうです。

逆視点からの発見は、信仰の世界も同様。悪魔の側の視点に立つことで、聖書の真理を鮮やかに示した代表は、C・S・ルイスの名著『悪魔の手紙』です。一九四二年にイギリスで刊行されたこの本はベストセラーとなりました。

本著は、『悪魔の手紙』の現代日本版です。二十一世紀の日本での悪魔・悪霊の策略を想像し、それに応じた対策を示すことで勝利ある信仰生活を応援します。しかし、最終的に目指すのは、逆視点から、聖書が記す恵みの広さ深さを、感動と驚きをもって再発見してもらうこと。

なぜ、反対側の視点からかといえば、悪魔・悪霊たちは、私たち人間の誰よりも神様の恵みとその広さ深さを理解しているからです。皮肉にも、彼らは知っていますが経験できません。一方、クリスチャンは経験していながら、あまりよく知らないようです。

C・S・ルイスの『悪魔の手紙』は、ベテラン悪魔が新人悪魔を教育指導するという設定ですが、本著は、二千年連続ノルマ未達成の窓際族で日本支部係長へと転勤となった悪霊が、調子に乗って格言集を出し、雑談の音声データを漏洩させてしまうという設定です。

『悪魔の格言』は、一か月、三十一日分としました。なにしろ作者は悪霊ですから、その内容は、訴え、ダメ出し、愚弄、いちゃもんばかり。読者がやられっぱなしではいけないので、私なりの解説を加え、対抗策を考え、指針となる聖書のことばを示しました。

「悪魔の雑談」は、悪霊係長と同僚の会話をコント風に描いたもので、悪魔・悪霊の視点で、聖書が記す戦いを振り返ったり、日本のクリスチャンを堕落させる戦略を考えたりするという内容です。

最後に「悪魔のおまけ」として、以前の著書『それって大丈夫？　いまどきクリスチャンへの24の問いかけ』（現在品切れ）から、悪魔の手紙三通を再掲載しました。

聖書によれば、悪魔（＝サタン）は一人で、その配下に大勢の悪霊がいると考えられます。聖書を読む時、悪魔と悪霊を区別することは、理解の助けになるでしょう。しかし、一般的には悪魔と悪霊は厳密に区別されず、悪霊がその代表である「悪魔」の名で呼ばれることもしばしばです。

本著においても、格言の作者、雑談の当事者は、悪霊ですが、「悪魔の格言」「悪魔の雑談」とタイトルをつけています。厳密さには欠けるのでしょうが、受け止めやすさとわかりやすさを優先しました。

では、はじまり、はじまり。

読者の皆さんが、「ひふみんアイ」のように、悪魔・悪霊の視点に立つことで、新たな恵みを発見していただけたら幸いです。

水谷　潔

悪魔の格言　目次

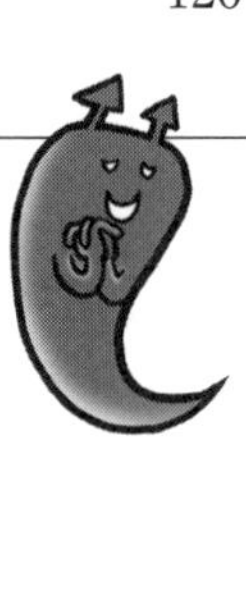

第1部

悪魔の格言

悪霊係長からのあいさつ

オレだよ、オレ、だからオレだってば。詐欺師じゃないって。

まあ、似たようなもんだけどな。いつも、あんたを欺き、誘惑している、オ・レ・だ・よ。

自己紹介するなら、「吾輩は、悪霊である。聖書に名前はない」ってとこかな。

新約聖書・マルコの福音書五章を読んだことがあるか？

オレはあそこに登場する悪霊軍団の元隊長だよ。ゲラサでイエスから受けた悪霊追い出しで、二千名の部隊は豚と共に壊滅。責任を問われたオレは左遷。

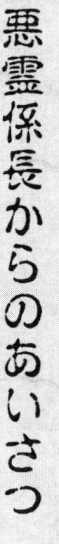

それ以来二千年間ずっと窓際で過ごしてきて、最近、日本支部の係長に転任となったってわけよ。

実は、今回、営業をしながら日本のクリスチャンたちに、抱いた思いを、格言集にしてみたんだ。題して「悪魔の格言」。日本支部転勤記念なんだから、感謝して読めよ。

どっかの牧師が、勝手に解説をつけて、対策まで書いているようだけど、とんでもない営業妨害だ。そっちは読むなよ、絶対に。特に引用している聖書のことばには、くれぐれも従うんじゃないぞ！

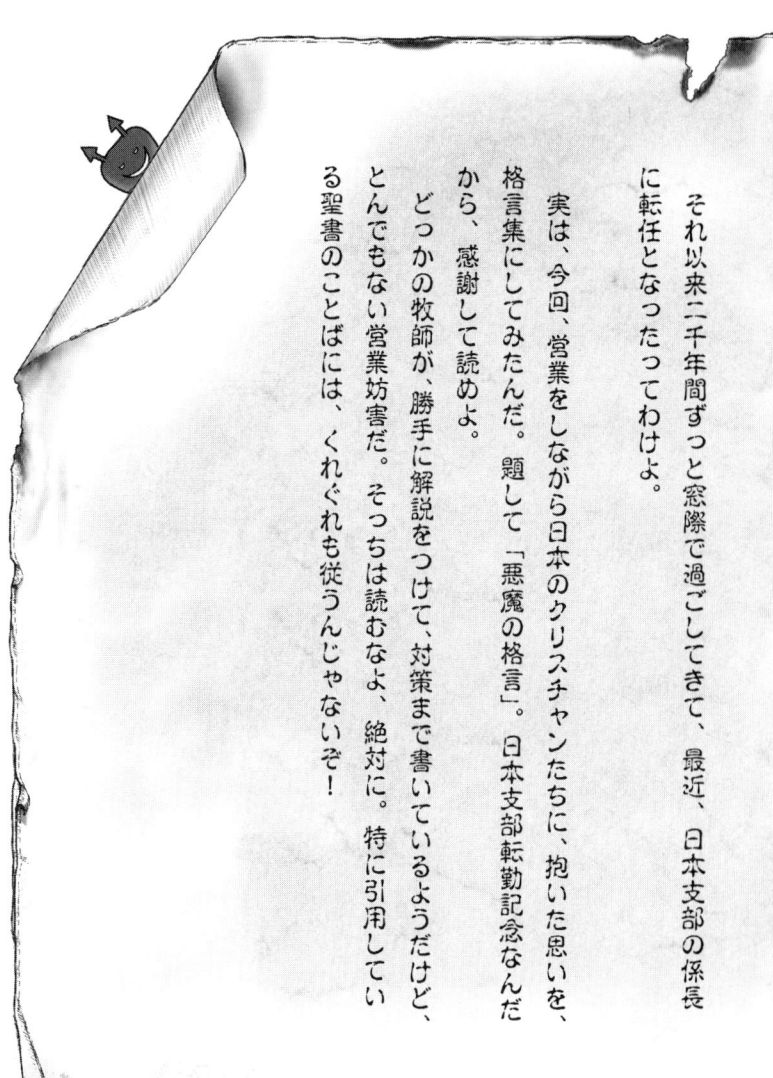

1日

あるがまま
ずっと
そのまま
いつまでも

え〜？
だって
あるがままで
愛されて
るんだから〜
えーっと…

悪魔より

あるがままで愛されることが福音[*1]のすべてのように歩み、
変わろうとしないのは、助かるわー。
神の栄光が現されないから。

あるがままで愛されたら、人はどうなるでしょう？

あるがままで愛されたザアカイ[*2]は、その愛に応えて、真実な償いを約束しました。人目を避けて水を汲んでいたサマリアの女[*3]もイエス様の愛を受けた後は、水がめをおいて、人前に行き、堂々とキリストを伝える者となりました。

あるがままで愛する愛は、愛された者に働きかけ、内側からその人を造り変えます。あるがままで愛されたら、もはや、あるがままではいられません。あるがままで愛された者はその愛に応答し、「みこころのまま」へと変えられてゆくのではないでしょうか。

聖書
「私たちはみな、覆いを取り除かれた顔に、鏡のように主の栄光を映しつつ、栄光から栄光へと、主と同じかたちに姿を変えられていきます。」
（新約聖書・コリント人への手紙第二、3章18節）

＊1「福音」…よい知らせ（グッドニュース）。「神様は、ひとり子イエスを犠牲にするほどに、あなたを愛しておられる」というメッセージ。＊2「ザアカイ」…新約聖書・ルカの福音書19章1〜20節に登場する。＊3「サマリアの女」…新約聖書・ヨハネの福音書4章1〜42節に登場する。

2
日

みこころより
おこころ優先
うれしいな

悪魔より

「みこころ」と「おこころ」。
優先順位を逆転すれば、クリスチャンがみこころの実現を
妨げることに。これってうれしいよな。

「みこころ」と「おこころ」は、一字違いで大違い。「みこころ」は神様の思いで、「おこころ」はあなたの思い。「おこころ」が「みこころ」に優先すれば、クリスチャンが神様の働きをブロック。悪魔はいとうれし。

クリスチャンが救われたのは[*4]、「おこころ」の実現に神様が仕えるためでしょうか。それとも、「みこころ」の実現にクリスチャンが仕えるためでしょうか。そもそも救われたのは何のためでしょう。神様は、救われた者が地上の生涯をどう送るよう願っておられるのでしょう。

一度、聖書がどう記しているかを調べてみてはいかがでしょうか。

聖書

「それは、あなたがたが地上での残された時を、もはや人間の欲望にではなく、神のみこころに生きるようになるためです。」

（新約聖書・ペテロの手紙第一、４章２節）

＊４「救われる」…罪に対する神のさばきから救われる、ということ。イエスの十字架の死とよみがえりを信じることにより、救われ、永遠のいのちを得る。

3日

自らを赦さず
ずっと責め続け
赦しの恵みの
もち腐れかな

悪魔より

日本のクリスチャンはまじめで責任感が強くていいよな。
神が赦しても自分を赦せず、
いつまでも再スタートを切らないんだから。

まじめさと責任感の強さが裏目に出やすいのは、赦しの世界。神様が赦しておられるのですから、赦されているのは、まぎれもない事実。にもかかわらず、自分を責めるのは事実に反する行為。

一方で、告白するだけで赦されるなど、無責任と思えて、自分を責め続けないと、赦された気持ちに至らないのもまじめクリスチャンの正直な心情でしょう。でも、絶対なのは、心情でなく、事実。

聖書が記す赦しの約束のことばに立ちましょう。赦しの恵みのみことばを堅く握りしめましょう。赦された感覚はなくても、赦されている事実があるのですから。事実を事実として受け止めて、自分で自分を赦しましょう。赦された平安や喜びがそれに続くことでしょう。神の御子のいのちと引き換えに与えられている赦しの恵みを無駄にしてはなりません。

聖書

「もし私たちが自分の罪を告白するなら、神は真実で正しい方ですから、その罪を赦し、私たちをすべての不義からきよめてくださいます。」

（新約聖書・ヨハネの手紙第一、１章９節）

4日

礼拝　奉仕に
献金と
マニュアル
こなして一安心

悪魔より

自分で定めた信仰のマニュアルをこなすことで、
信仰確認する信仰生活。
喜びなさそうで、見ていて楽しいぞ。

礼拝出席、聖書を読むこと、祈ること、奉仕、献金。これらはどれもが大切。しかし、「自分はちゃんとクリスチャンしている」という確認手段にするなら、それらは「マニュアル五点セット」なのでは？

これら目に見える大切な行為は、目に見えない内側のものの現れであるはず。神様の愛と恵みへの応答として、愛を動機として喜びをもってささげるべきもの。内側から外側なのです。マニュアル化することは、外側から内側に向かうことであり、本末転倒。

人は目に見える行為で評価しますが、神様はその行為をしている人の心の中を見ておられます。

聖書

「主はサムエルに言われた。『彼の容貌や背の高さを見てはならない。わたしは彼を退けている。人が見るようには見ないからだ。人はうわべを見るが、主は心を見る。』」

（旧約聖書・サムエル記第一、16章７節）

5日

神を見ず
世を見て
人見て
自分見て

悪魔より

おい、おい、クリスチャンが、
神を見ず、ほかばかり見て、どうすんの？
まあ、こっちは、ありがたいけどな～。

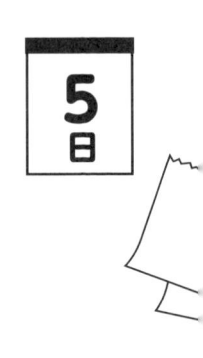

クリスチャンが神様やキリストを見ないとき、その視線はどこに向かうでしょう。向かう先は、神なき世の中、自分以外の誰か、そして、自分自身。

さらには、世を見てうらやみ、人を見てねたみ、自分を見て落ち込むことも。

いちばん見るべき方を見ないなら、誰もがそうなりがちなもの。

第一に見るべきお方に目を向ければ、自分に注がれている、世の中にはありえない神様からの祝福を発見します。人を見てうらやましく思うことはあっても、ねたむ思いは起こりません。

自分があるがままで受け入れられ、愛されていることを思えば、自分の欠点や失敗はあまり問題でなくなり、人と比較することからも解放されてゆくもの。「誰を最優先に見るか？」それが人の歩みを決めます。

聖書

「信仰の創始者であり完成者であるイエスから、目を離さないでいなさい。」

（新約聖書・ヘブル人への手紙12章2節）

6日

右手に可燃ごみ
左手に不燃ごみ
背中に粗大ごみ
背負いつつ
マラソン走る
クリスチャン

悪魔より

パウロがゴミだって言っているものを、
さも大切そうに抱えながら、信仰のマラソンを走っている姿。
あれ、笑えるわ。あー腹痛え。

生粋のヘブル人としての民族的誇り、パリサイ人[*5]としての宗教的実績など、パウロ[*6]には、「得」と思えることが。しかし、キリストと出会った後、キリストのあまりの素晴らしさのゆえに、それら得と思えたものが、前進を妨げる「ちりあくた」、すなわちゴミに。

クリスチャンの前進の度合いを決めるのは、キリストを知る前と後で価値観を転換するかどうか。ごみを捨てて走るか、ごみを抱えて走るかでスピードは大違い。

「あれを捨てなさい」「これを手放しましょう」とは申しません。キリストの素晴らしさを知りましょう。素晴らしさを知れば知るほど、その度合いに応じて、キリスト以外の価値は地盤沈下するもの。ゴミだとわかれば、言われなくても、捨てるでしょ？

聖書

「それどころか、私の主であるキリスト・イエスを知っていることのすばらしさのゆえに、私はすべてを損と思っています。私はキリストのゆえにすべてを失いましたが、それらはちりあくただと考えています。」

（新約聖書・ピリピ人への手紙3章8節）

＊5「パリサイ人」…厳密には「パリサイ派に属する人」を意味している。「パリサイ」の意味は「分離した者」で、律法を守らぬ人間と自らを分離するという意味合いがあると考えられている。＊6「パウロ」…初期キリスト教の使徒であり、新約聖書の著者の一人。はじめはクリスチャンを迫害していたが、回心してクリスチャンとなり、キリスト教発展の基礎を作った。

7日

「愛がない」言えば甘えがフリーパス

悪魔より

これを言えば、甘えの要求がまかり通るような
教会の交わり[*7]って、ありがたいな。
だって、甘えが愛にとって代わるんだから。

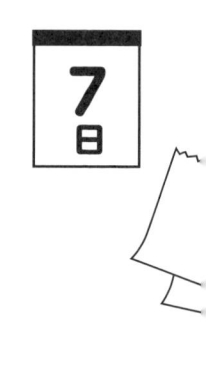

「愛がない」は、クリスチャンの交わり[*7]においては、相手を自分の意向通りに操作するいわば殺し文句。言われた側は、自分の愛の足りなさを謙虚に反省し、相手の要求に応えることが愛だと判断し、要求を通してしまうことも。

でも、それって愛？　多くの場合、それは甘え。この殺し文句で、相手を操作して、わがままな要求を通しているケースも少なくないようです。愛は相手中心だけど、甘えは自己中心。愛は義を伴うけど、甘えは義を伴わないもの。義を伴わない愛は「愛という名の甘え」。

こうした甘えがフリーパスとなれば、それが本物の愛にとって代わるもの。そうなれば、教会は、愛の交わりから甘えの共同体へと変質。「愛がない」については、その愛の中身を確認したいものです。

聖書

「（愛は）不正を喜ばずに、真理を喜びます。」

（新約聖書・コリント人への手紙第一、13章6節）

＊7「交わり」…キリスト教でいう「交わり」とはコイノニアというギリシア語に由来している。複数の者が一つのもの（時空・境遇・衣食住・目的・利害など）を共有することであって「共にわかち合う」ことを意味している。

8
日

牧師と教会
顧客満足度で
取捨選択

悪魔より

スーパーやコンビニのお客のように、
牧師や教会を選んでいるのを見ると、
日本支部の未来は明るく思えちゃうな。

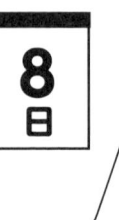

日本のような消費社会にあると、クリスチャンのアイデンティティーも「神の子」[*8]や「キリストの体の一器官」[*9]でなく、実態は「消費者としての自分」となりがち。自分が消費者なら、牧師は自分に慰めや励ましを与える心理的サービス業で、教会はサービス業者。自分は消費者、つまりはお客様。そうなれば、牧師のパフォーマンスや教会のサービスのクオリティーを基準に、顧客満足度で、取捨選択することに。さらに、教会がこうした顧客ニーズに迎合すれば、市場原理で歩むこととなり、聖書が示すあり方から逸脱していくでしょう。

悪魔は消費社会というシステムを用いて、クリスチャンのアイデンティティーを聖書から逸脱させているに違いありません。聖書のことばを基準に、自らのアイデンティティーを確認してみてはどうでしょう。

聖書

「大勢いる私たちも、キリストにあって一つのからだであり、一人ひとりは互いに器官なのです。」

（新約聖書・ローマ人への手紙12章5節）

＊8「神の子」…聖書でいう「神の子」は、イエス・キリストのことを指す場合、天使を指す場合、そして「神の御霊に導かれる人はみな、神の子どもです」（新約聖書・ローマ人への手紙8章14節）にあるようにクリスチャンたちを指す場合があり、この箇所は最後のクリスチャンを指す。＊9「器官」…クリスチャンをキリストに連なる体、器官とする考え方。優劣はない。

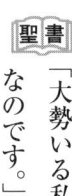

9日

いつまでも
あると思えよ
この世と命

悪魔より

この世と自分の命に終わりがあることを、忘れて歩む信仰生活。
危機感覚えず、安心して見ていられるわ。

まるで今の世界と自分の地上での命が、終わることなく永遠であるかのように勘違いしているなら、それは悪魔にとっては好都合。世の終わり、キリストの再臨[*10]、救いの完成があるという事実が、クリスチャンの地上での歩みに影響しないから。

聖書は、キリストの再臨を、地上で敬虔な歩みをするモチベーションとして、また、厳しい試練を乗り越える希望の拠り所として記しています。地上での生活に限りがあるからこそ、神様からの使命に真摯に取り組むのです。

いつか再臨のキリストの前に立つ時、永遠につながる評価対象となるのは、限りある地上での歩み。たとえ地上での歩みが不条理や試練の連続であったとしても、希望を捨てずにいられるのは、最終的な救いの完成があるから。ですから、クリスチャンたる者、歩みましょう。天に目を向け、地に足をつけて。

聖書

「このように、これらすべてのものが崩れ去るのだとすれば、あなたがたは、どれほど聖なる敬虔な生き方をしなければならないことでしょう。」

（新約聖書・ペテロの手紙第二、３章11節）

＊10「キリストの再臨」…世界の終わりの日にキリストがもう一度この世に現れること。

10日

立てばご不満
座れば文句
歩く姿でつまずかせ

悪魔より

こういう「逆証し人」って、オレたちにとっては、
最高の営業協力かも。

神様のよくしてくださったことには心をとめず、心の中は、自分の願い通りではない家族や周囲についての不満満載。口を開けば出てくるのは、不満文句ばかり。こうした歩みは、効果的な逆伝道で、悪魔・悪霊の営業努力を後押しするだけ。

まずは、神様がよくしてくださっていることを思い起こして感謝。不満や文句はそれからでも遅くはないでしょう。次に、不満を訴える先は、第三者でなく、神様と当人。不満や文句さえも、正直に神様の前に注ぎだすなら、それは立派な祈りなのでは？　可能であるなら、不満を抱く当人にも賢く伝えましょう。第三者に愚痴るよりは、はるかに不満解決の可能性があるはず。

「立てば感謝　座れば祈り　歩く姿は証し人」。そんなクリスチャンを悪魔は恐れているのでしょう。

聖書　「いつでも、すべてのことについて、私たちの主イエス・キリストの名によって、父である神に感謝しなさい。」

（新約聖書・エペソ人への手紙5章20節）

11日

大好きよ
聞くだけ
読むだけ
祈るだけ

これが
私の信仰生活で
大切に
してることなんです
聞くだけ!
読むだけ!
祈る
ペタ

悪魔より

この三つの「だけ」、好きだなー。
神の恵みの広がりを、心の中、
個人レベルに押しとどめてくれるんだから。

説教を聞いても応答せず、聖書を読んでも従わず、祈れば実行を免除された気分という信仰スタイルは、悪魔のお好み。みことばに触れ、祈りをささげ、それなりの充実感はあっても、普段の言動や人間関係など実生活に変化は見えてこない。でも、意外と、そんな「みことばと祈りの自己目的化」「信仰の内心化」に陥りがちなもの。

みことばは、神様からの語り掛け、祈りは神様との会話。義務でも作業でもありません。どちらも、人格的交わり。だとすれば、相手のことばに応答し、人格的影響を受け、それが普段の行動や実生活の変化に現れるのが、自然な流れと言えるでしょう。

だからと言って、変わらない自分を責めてはなりません。それは結果であって、原因ではないのです。原因を取り扱いましょう。まずは、「説教を聞くこと」「聖書を読むこと」「祈ること」ではなく「説教、聖書、祈りを通じての神様との愛の交わり」と考えることでしょうか。「為すべき行為」でなく「人格交流」として、交わりに生きてみてはどうでしょう。

聖書　「みことばを行う人になりなさい。自分を欺いて、ただ聞くだけの者となってはいけません。」

（新約聖書・ヤコブの手紙1章22節）

12日

天国行きの
クリスチャン
みことばの乳飲んで
ねんねして　賛美せず
証しせず　また来週

悪魔より

天国行きの切符をもらったら、後は、永遠の初心者コース。
神の国の前進のために働く者へと成長しないのはありがたいよな。

これは童謡「げんこつ山のたぬきさん」の替え歌。救われて天国行きが決まった後は、固い食物は食べず、教会から一歩出れば、神様を賛美することも、自らの信仰を証しすることもなく、漫然と次の主日[*11]を迎えるパターンの繰り返し。それは悪魔の期待通りのようです。

生まれたら成長するのが自然なこと。赤ちゃんの状態で天国行きを待つのは、かなり不自然。離乳食から固い食物に移ること、親や大人への依存から卒業して自立していくこと、やがては、社会参加して働くようになること。クリスチャンの地上での成長は子どもの成長と同様です。自立の痛みや成長痛が嫌だから、今のままがいいなんて言わないで、はるかに豊かな恵みの世界に踏み出しましょう。勇気をもって、子どもでいることの心地よさと決別するなら、決別の痛みと引き換えに、大人のクリスチャンに神様が備えられている豊かな恵みが注がれます。

聖書

「固い食物は、善と悪を見分ける感覚を経験によって訓練された大人のものです。ですから私たちは、……成熟を目指して進もうではありませんか。」

（新約聖書・ヘブル人への手紙5章14節〜6章1節）

＊11「主日」…主日（主の日）とは、「主」イエス・キリストの復活の「日」である日曜日を指している。

13日

寝る子は粗雑

悪魔より

あらー、あの神の子、また、礼拝中に寝ているな。
神に対するこの粗雑な態度、オレたちも応援したくなるよ。

「寝る子は育つ」は一般論で、礼拝中は例外。礼拝中については、「寝る子は粗雑」。礼拝中に眠る神の子たちは、神様の目からご覧になれば、粗雑なのでは？

前日からの疲れ、心地よい牧師の声、心の安らぎなど、礼拝中には、眠りを誘う要因はいろいろ。でも、礼拝とは、神とその民との愛の交わり。たとえるなら、愛し合う恋人のデート。デート中に寝たら粗雑でしょ？　いのちを捨ててまで愛した相手が、デート中に眠ったらどう思います？　神様の身にもなってみましょうよ。

神様に喜ばれ、自らも恵まれる豊かな礼拝を願って、前日から備えてみてはどうでしょう。神様は土曜日の夜から、礼拝を意識して備えるような真実な礼拝者を求めておられるようです。

聖書

「しかし、まことの礼拝者たちが、御霊と真理によって父を礼拝する時が来ます。今がその時です。父はそのような人たちを、ご自分を礼拝する者として求めておられるのです。」

（新約聖書・ヨハネの福音書4章23節）

14日

牧師には大工ではなく消防士させ

悪魔より

牧師に教会の火消しをさせるばかりで、牧師と共に教会を建て上げようとしないクリスチャン。とっても、頼もしいわ。

牧師の働きを職業にたとえるなら「大工」。教会を建て上げるのが使命だからです。一方で牧師が、強いられるのは、トラブルの火消しをするような「消防士」の仕事。大工仕事でなく、消防士の仕事に忙殺されている牧師を見て、きっと悪魔は、ほくそ笑んでいることでしょう。教会は建て上がらず、神の業は前進しないからです。

悪魔を喜ばせないためにも、教会内で起きたトラブルの火消しは、牧師だけにさせないようにしましょう。できれば、信徒相互で火消しを。そして、聖書が示す神様のみこころに従って、牧師と共に大工の仕事をしていただきたいもの。まずは、大工見習い、消防団員から始めてみてはどうでしょう。

聖書　「それは、聖徒たちを整えて奉仕の働きをさせ、キリストのからだを建て上げるためです。」

（新約聖書・エペソ人への手紙４章12節）

15日

頭《かしら》隠して私利隠さず

悪魔より

教会の頭であるキリストを隠す一方で、私利私欲を隠さず教会にもち込むなんて、本当にありがたいよな。

教会の頭はキリスト。牧師でも役員でも有力信徒でもありません。誰であれ、自らの利益や欲求実現を教会にもち込むことは、教会の頭であるキリストを第一としないことを意味するでしょう。

意識的に露骨に私利私欲をもち込むことはなくても、無意識にもち込むことは少なくないように思います。愛をもって教会に仕え、よりよい教会を願い、労することと、信仰的な名目で私利私欲をもち込むことは、表面上は見分けがつきにくいもの。

それでも、神様は混ぜ物に気づかせてくださいます。混ぜ物があること自体が問題なのではありません。大切なのは、混ぜ物を認めて、神様に動機を純化していただくこと、そして、教会生活の中で、自分ではなくキリストが第一とされることを願う自分へと成長すること。

聖書「また、御子はそのからだである教会のかしらです。御子は初めであり、死者の中から最初に生まれた方です。こうして、すべてのことにおいて第一の者となられました。」

（新約聖書・コロサイ人への手紙1章18節）

16日

高価買い取り
されたのに
自己評価低いの
なんでだろ？

悪魔より

御子のいのちという代価で買い取られたのに、
日本のクリスチャンって、意外と自己評価低いよな。なんでだろ？
まあ、こっちは助かっているからいいけど。

「贖い」とは、「買い取り」、あるいは「買い戻し」のこと。神様は御子のいのちという代価を支払って、クリスチャンを買い戻されました。その買い取り価格は御子イエス・キリストのいのちなのだから、宇宙最高、歴史上最高の金額。

これほどの高価買取りをしてもらっているのに、この事実を忘れ、自分には価値がないと誤解して、輝けないクリスチャン。日本にはこのタイプが多いようです。何かができるから、何かをもっているから、何か役に立っているから、価値があるのではありません。御子のいのちという代価が支払われているから、それほどまでに神様から愛されているから価値があるのです。

そう、あなたは、価値があるから愛されているのではありません。愛されているから価値があるのです。

聖書「キリストは、すべての人の贖いの代価として、ご自分を与えてくださいました。これは、定められた時になされた証しです。」

（新約聖書・テモテへの手紙第一、2章6節）

17日

チャンスだぞ
おごり
高ぶり
上から目線

悪魔より

高ぶりや思い上がりは、オレたちにとっては最高のチャンス。
それを突破口に、神を畏れぬ言動や罪に導き、
さらには交わりの破たんを目指すんだ。

聖書によれば、御使《みつか》い*12であった悪魔や悪霊たちが堕落した原因は　高慢の罪。高ぶって、神の座をとって替わろうとしたために、神の敵対者となったようです。悪魔・悪霊は自らの実体験があるからでしょうか。彼らは、人間の高ぶりに付け込み、堕落させる名人。

神様はいつでも、私たちの味方。私たちを愛し、祝福を願っておられます。神様が敵になることはありえません。そこで問われるのは、私たちが神様の味方かどうかです。

おごりや高ぶりによって、自らを神の座において、上から目線となるとき、私たちは神様に敵対する者となってしまいます。そうなれば、悪魔に利用されかねません。

おごり高ぶりを示されたら、悔い改めましょう。へりくだるなら、悪魔に利用されることはないし、へりくだる者に神様は恵みをお与えになります。

聖書

「『……それで、こう言われています。『神は高ぶる者には敵対し、へりくだった者には恵みを与える。』』」

（新約聖書・ヤコブの手紙4章6節）

*12「御使い」…使者。神の使い。天使。

18日

出る悔いは改めない

悪魔より

悔いるだけで、改めようと願わないっていいよな。
だって、悔い改めの実を結ばないんだから。

「悔い改め」の元来の意味は、向きを変えること。神様に背を向けて歩んでいたのを、回れ右をして、神様に向き合って歩み直すことです。「ごめんなさい」を言うことでも、自分を責めることでもありません。

自分の罪、過ちを悔いるだけで回れ右をしないなら、それは「悔い改め」でなく、ただの「後悔」。

罪を示され、過ちを犯したと思うとき、神様の前に出るのは、抵抗を覚えるものです。神様は罪を憎まれますが、罪を犯した私たちを変わらず愛し、その罪を離れることを願っておられます。真実な悔い改めを神様は決して軽んじられません。神様は罪を告白して、向きを変えて歩み直すのを、いつも待っておられます。

聖書

「それなら、悔い改めにふさわしい実を結びなさい。」

（新約聖書・マタイの福音書3章8節）

19日

神に耳なし 聖書に目なし

これも おいしいですよ
人の声 ヌードル
24H

悪魔より

神の語り掛けを聞こうともせず、聖書に目を向けようともせず、
人の声に耳を傾け、世間の出来事に目を注ぐ信仰生活。
成長しそうにないので、ホッとしているよ。

人の体は、食べたものでできています。同じように、人の心は、心が食べたものでできています。つまり、人の心はその人が見たもの、聞いたもので、造られています。何を見て、何を聞いて生きてきたかが、その人の人となりを決めます。

イエス様というパンを食べ、みことばの乳を飲み、日々、神様からの語り掛けという食事をいただきながら、キリストに似た者へと成長していくのが本来の食生活。せっかく栄養満点の霊的食物が提供されているのに、そっちのほうがおいしいからって、ジャンクフードばかり食べていると、体に、いや、心に悪いですよ。

健康な成長のために、礼拝、聖書、祈り、交わりなどを通じて、聞きましょう。神様からの語り掛けを。読みましょう。神様のことばである聖書を。

聖書

「聖書はすべて神の霊感によるもので、教えと戒めと矯正と義の訓練のために有益です。」

（新約聖書・テモテへの手紙第二、3章16節）

20日

自分のことは
棚に上げ
人にみことば
当てはめる
悪魔にならって
どうすんの？

マタイ12章34節は
正しく△山さんのことね
○藤兄弟はヘブル13章
5節ができてないし
□野姉妹は…
ええ〜
そうですとも

悪魔より

聖書のことばを、自分はスルーで、人に当てはめて、
さばいたり、操作したり。それって、我らがサタン様が、
荒野でイエスを誘惑された時と同じだよな。

聖書のことばは、まず、自分に当てはめるものです。自分がみことばに教えられ、みことばに問われます。自分以外の誰かにみことばを当てはめるのは、それからでも遅くないでしょう。そうでないと、自分も人も活かすはずの聖書のことばが、人をさばく物差しや人を操作する手段とされてしまうことも。

人に当てはめて、相手をさばき、操作するみことばの用い方は、悪魔が、荒野でイエス様を誘惑した時[*13]と同じではないでしょうか。悪魔は、みことばを引用して、イエス様を神殿の屋根から下に身を投げるよう誘惑しましたが、イエス様は別のみことばを引用して誘惑を退けられました。悪魔は相手を操作するためにみことばを当てはめ、イエス様は正しくご自分に当てはめられたのです。

神様のことばを悪魔のように用いてはなりません。

聖書

「あなたは、兄弟の目にあるちりは見えるのに、自分の目にある梁には、なぜ気がつかないのですか。」

（新約聖書・マタイの福音書7章3節）

＊13「悪魔の誘惑」…新約聖書マタイの福音書4章1～11節などに書かれている出来事。

21日

情報化
ネットとメディアが
営業エリア

悪魔より

オレたちの戦いのメインは情報戦。ネットとメディアに依存させ、反聖書的な価値観を刷り込み、邪悪な思いを吹き込むのさ。

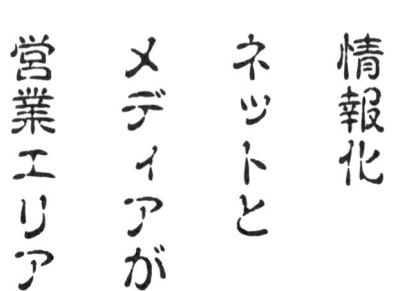

悪霊たちが、人に取り付いていたのは、時代的には主に前近代までで、現在では霊媒師が活躍するような地域でのこと。現代日本のような高度情報化社会では、悪霊たちの主要な営業エリアは、ネットとメディアの世界。

悪魔の得意な戦い方は昔から情報戦。そうした悪魔にとって現代のネットとメディアは、最高の武器となっています。「楽しいよ」「便利だよ」「役立つよ」と光の御使いに変装して誘惑すれば、短時間で莫大な数の人間に、反聖書的な価値観を伝え、邪悪な思いを吹き込むことができるからです。

ですから、ネットとメディアは使いよう。楽しく便利で役立つからといって、全面的に信頼したり、依存したりするなら、それは、悪魔の思う壺。まずは、聖書的な基準で、情報を取捨選択しましょう。邪悪な思いに引き込むような情報は、遠ざけるか拒否しましょう。悪魔の策略から自らを守りながら、利用することをお勧めします。

聖書
「しかし、驚くには及びません。サタンでさえ光の御使いに変装します。」
（新約聖書・コリント人への手紙第二、11章14節）

22日

家内安全
商売繁盛
満願成就の
祝福理解

悪魔より

神の祝福とご利益を混同してくれたら、オレたちはウホウホだぜ。
だって、ご利益次第で神から引き離せるんだから。

健康、繁栄、自己欲求の実現が、神の祝福の現れで、そうでないと祝福されていないと考えているクリスチャンは、悪魔からすれば、格好の標的。

なぜなら、ご利益を奪えば、「神様信じているのにどうして？」あるいは「神様に従ってもいいことない」と思い始め、やがて、神様から離れることが期待できるからです。逆に、聖書が示す祝福より魅力的に見えるご利益を提供すれば、「神様よりこっちのほうがいいかも」となり、神様から離れてくれます。クリスチャンを神様から引き離すためなら、悪魔は、願った通りのご利益を喜んで提供します。

そもそも、「神様が自分の願いをかなえる」のではなく、「自分が神様の願いをかなえる」のがクリスチャンではないでしょうか？　人間の願いがかなえられることよりもはるかに高い次元にある神様の祝福を一度考えてみてはどうでしょう。

聖書

「天が地よりも高いように、わたしの道は、あなたがたの道よりも高く、わたしの思いは、あなたがたの思いよりも高い。」

（旧約聖書・イザヤ書55章9節）

23
日

狭い日本
そんなに伝道して
どうするの

悪魔より

日本の国土は、狭いんだからさー。
そんなに一生懸命、伝道することないってー。

オリジナルは「せまい日本　そんなに急いで　どこへ行く」という交通標語。日本の国土面積が、他国に比べれば、かなり狭いのは事実。そして、人口密度が高く情報が伝わりやすいのも事実です。だからと言って、私たちを怠惰にしようと狙う悪魔のささやきを真に受けてはなりません。悪魔は、一緒に滅んでくれる仲間を一人でも多く獲得するために、なんだかんだと理由をつけて、クリスチャンの伝道のモチベーションを下げてきます。その影響から、私たちも、伝道に消極的な自分を正当化してしまうことがあるかもしれません。

この日本、人と人との空間的距離は他国に比べて近くても、神と人との霊的距離は他国に比べて遠いのではないでしょうか？　そう考えると、日本の霊的国土面積は、中国やロシアより、はるかに広大だと言えるでしょう。

もしかすると、神様は、こう思っていらっしゃるかもしれません。「広い日本　そんなに伝道しないで　どうするの」

聖書

「それから、イエスは彼らに言われた。『全世界に出て行き、すべての造られた者に福音を宣べ伝えなさい。』」

（新約聖書・マルコの福音書16章15節）

24日

楽しいな
堕落は
急に止まらない

悪魔より

一旦、小さな罪と妥協させれば、次にはもう少し大きな罪と妥協させられるもの。それを繰り返せば、イッヒッヒ。堕落のノンストップを期待してるよ。

罪の妥協は、将棋倒しのようなもの。小さな駒から順番に並べ、先頭の「歩」を倒せば、駒は次々と倒れてゆき、最後には「王将」が倒れます。罪がもつこの連鎖性を、悪魔は利用して、私たちを誘惑してきます。

最初の歩の転倒が最後の王将の転倒の原因となるように、「この程度、世間ではあたりまえ」「誰でもやっていることだから」という最初の妥協が、最後には「ありえないでしょう」「とんでもない」と言われる罪の妥協に至ることもなきにしもあらず。

しかし、神様は将棋倒しを途中で止めてくださる方です。ノンストップと見えた堕落をストップさせてくださいます。聖書、祈り、交わりなどを通じて、神様は私たちが、将棋倒し状態にあることを示し、「悔い改め」という倒れることのない駒を置くよう語り掛けてくださいます。悔い改めるなら、罪の妥協は、急に止まるのです。

「恵みだよ　堕落も　急に止まるから」これが聖書的な格言です。

聖書

「そして、欲がはらんで罪を生み、罪が熟して死を生みます。」

（新約聖書・ヤコブの手紙１章15節）

25
日

草食系　ヘタレ
臆病　根性なし
賜物活かせず
思う壺

悪魔より

シメシメだよ。臆病でヘタレのクリスチャンが、自分ばかり見て、
賜物を活かさずにいてくれるんだから。

クリスチャンは臆病でも、ヘタレでも、根性なしでも大丈夫。後に第一線で活躍したあのテモテ[*14]も最初はそうでしたから。気も弱ければ、胃まで弱かったと言われるテモテは、メンタルもフィジカルもヘタレ。石打ちにあっても立ち上がり伝道を続けるパウロが「肉食系ど根性クリスチャン」なら、テモテは、「草食系ヘタレクリスチャン」です。

師であるパウロは、そんな弟子のテモテを責めることなく、再び賜物を燃え立たせるよう願います。パウロはテモテに対して、臆病な自分でなく、力と愛と慎みの霊である聖霊[*15]に信頼するようにと諭しました。そうです。自分自身ではなく、自分に与えられている聖霊に信頼しましょう。とりあえず、今のままの自分で、授けられた賜物を燃え立たせましょう。神様に用いていただきましょう。

聖書

「神は私たちに、臆病の霊ではなく、力と愛と慎みの霊を与えてくださいました。」

（新約聖書・テモテへの手紙第二、1章7節）

＊14「テモテ」…新約聖書の使徒の働きに登場するクリスチャンで、パウロの協力者、弟子。＊15「聖霊」…父なる神、子なるキリストと共に三位（さんみ）一体を形成する第三の位格。人に宿り、啓示を与え、聖化（聖なる者となる）へと導く。助け主。慰め主。

26日

家庭と職場で
信仰は
もたず　用いず
もちこまず

悪魔より

教会の中と外での二重生活は、超お薦め。
証しの働きはできないし、うまくいけば、つまずきを与えられるし。

「もたず、つくらず、もちこませず」は非核三原則。信仰の「もたず、用いず、もち込まず」は非武装三原則。教会の外での非武装状態は、極めて危険と言わざるをえません。悪魔の攻撃に自力で対抗するなど、無謀すぎます。罪の誘惑を断ち、世と調子を合わせないためには、信仰の武装は不可欠です。

信仰の二重生活は、証しという面でも考えさせられます。一歩、教会の外に出れば、未信者と同様の価値観で歩むとすれば、そこに信仰の証しはありません。それどころか、教会の中でのようすを知っている方々は、一貫性のなさに、つまずきを覚えるかもしれません。

恐れはあるでしょうし、勇気も必要です。でも、教会から世に遣わされているとの意識をもって、「もつし、用いるし、もち込むし」の信仰三原則にチャレンジしてみませんか。

聖書「あなたの行く道すべてにおいて、主を知れ。主があなたの進む道をまっすぐにされる。」

（旧約聖書・箴言3章6節）

27日

子育ては
信仰より勉強
お受洗よりお受験

悪魔より

大切なお子さんが、希望の進学先と引き換えに、
神から離れていただけるなら、喜んで、協力させていただきます。

子どもに優れた教育を与えたいと思うのは当然ですし、親として安心できる進路をと願うのも理解できます。ただ、それ以上に大切なもの、との優先順位は考えるべきでしょう。悪魔は最も価値あるものと交換してくれるなら、次に価値あるものを喜んで提供します。これは、彼らの常套手段。学歴が尊重される日本の社会においては、きっと悪魔は学歴や希望通りの進学と交換で、信仰継承を分断することを願っていることでしょう。そうすれば、次世代の教会は衰退し、日本での神の業は停滞・後退するでしょうから。

クリスチャンの親として、子どもに手渡せる最高のものは何でしょう。「世が与えることのできる何か」でしょうか？　それとも「神様が下さる永遠のいのち」でしょうか？

「勉強より信仰」「お受験よりお受洗」で、悪魔に打ち勝ちましょう。

聖書

「人は、たとえ全世界を手に入れても、自分のいのちを失ったら、何の益があるでしょうか。」

（新約聖書・マルコの福音書８章36節）

28日

油断素敵

悪魔より

ともしびを持ちながら、油を絶やした娘たちのように、
地上生涯を天国の待合室と勘違いして、漫然と過ごすのって、
とっても、ステキよ。

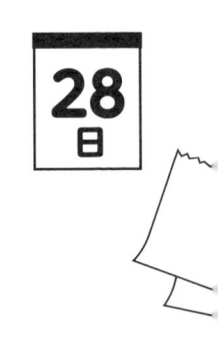

人間界では「油断大敵」と言いますが、悪魔界では「油断素敵」のようです。イエス様が天に昇られた瞬間、人類の歴史は終末へのカウントダウンに。ですから、クリスチャンとは、イエス様の再臨を待ち望む「終末を生きる神の民」。

新約聖書・マタイの福音書二五章に登場する十人の娘のたとえは、再臨をどう待ち望むかを教えます。賢い娘も愚かな娘も、全員が花婿を待ち望みながら眠りました。再臨を意識して、神経質になり、緊張の日々を送る必要はないでしょう。

しかし、イエス様がいつ来られても大丈夫なように、油を絶やさぬ賢い娘の歩みはしたいもの。それが「目を覚ましていなさい[*16]」と命じられた歩みでしょう。諸説ありますが、「油」とは信じた者に与えられた聖霊、あるいは信仰の内実や救いの希望だと言われます。油を絶やさぬ歩みをしましょう。再びイエス様にお会いするその時まで。

聖書
「賢い娘たちは自分のともしびと一緒に、入れ物に油を入れて持っていた。」
（新約聖書・マタイの福音書25章4節）

＊16…新約聖書・マタイの福音書24章42節のみことば。

29日

傍若無神

ああ神さま
どこに
おられるのですか
こちらも
どうぞ

悪魔より

オレたちと違って、共にいる神が見えないんだから、
人間は大変だよな。臨在[*17]を疑わせたら、こっちのもんだぜ。

「傍若無人」とは、「人前なのに無視して、勝手で無遠慮な言動をする様」を意味する四文字熟語。それに対して、悪魔の格言「傍若無神」が意味するのは、「共におられる神様を無視して、勝手に失望や孤独に陥り、不信仰な言動をする様」。

幼い子どもは、母親が見えなくなると、とたんに泣き出します。視界から消えた母親を存在しなくなったと認識するのでしょう。しかし、やがて、事実誤認を卒業します。見えなくても、母親の存在を疑わないように成長するのです。

クリスチャンとしての成長も同じ。聖書の約束は事実です。見えなくても、神様は共におられます。失望の時、孤独感に襲われた時、神様がそばにいてくださるということを疑ってしまうこともあるかもしれません。でも、それは事実に反する思い、事実誤認です。それは、悪魔にとっては好都合な「被害妄想」かもしれません。

聖書が記す臨在の約束に堅く立ちましょう。

聖書

「見よ。わたしは世の終わりまで、いつもあなたがたとともにいます。」

（新約聖書・マタイの福音書28章20節）

＊17「臨在」…神がそこにいること。キリストが信じる者の心に存在していること。

30日

切磋悪魔

本日の業務は？
はいっ
0時から
夜更かしの誘惑
0時半から
安眠の妨害
1時から
悪夢開始
2時から
不信仰拡大会議・・・

悪魔より

営業活動以外も、訓練、研修、戦略会議と
日々切磋琢磨しているオレたちさ。
でも、実は、甘く見てもらえると、ありがたいんだけどな。

悪魔・悪霊は、年中無休二十四時間営業で、不眠不休で活動しているようです。さらには、営業成績を上げるため、訓練や研修も怠らず、戦略会議も開いていると想像されます。その負の熱意と闇の努力は、生身の人間には太刀打ちできないレベル。「悪魔はあなたほど、怠け者ではない」ということばも納得です。

Ｃ・Ｓ・ルイスは『悪魔の手紙』の中で、悪魔への対処として二つの基本を示しています。それは、「必要以上に恐れること」と「悪魔をいないと思うこと」の両極端を避けること。神様の守りがありますから、必要以上に悪魔を恐れる必要はありません。だからと言って、まるで存在しないかのように思うなら、それは悪魔の思う壺。

恐れる必要はありませんが、甘く見てはなりません。強烈な負の熱意と壮絶な闇の努力をもって、日々、クリスチャンを誘惑し、罪に導き、堕落させようとしている事実だけはしっかり肝に銘じましょう。聖書もそのことを明記し、対策を示していますから。

聖書　「身を慎み、目を覚ましていなさい。あなたがたの敵である悪魔が、吼えたける獅子のように、だれかを食い尽くそうと探し回っています。」

（新約聖書・ペテロの手紙第一、５章８節）

31日

教会に
祈りと賛美の
なかりせば
悪魔・悪霊は
のどけからまし

悪魔より

うーん、祈りと賛美は最強の営業妨害。
勘弁してくれないかなー。

オリジナルは、『古今和歌集』に収録されている在原業平《ありわらのなりひら》の歌「世の中にたえて桜のなかりせば　春の心はのどけからまし」。その意味は、「この世に全く桜がなければ、花が散ることもなく、春を迎える心は穏やかでいられるだろうに（実際は、桜の花が散るので、穏やかではいられない）」となるでしょうか。教会には祈りと賛美があるので、悪魔・悪霊は穏やかな心で活動できないでいるのが事実。そして、祈りと賛美は最強の営業妨害。そこで、彼らは、クリスチャンが祈りと賛美から遠ざかることを切に願っています。

祈りも賛美も神様との交わり。その交わりに歩むなら、悪魔・悪霊も簡単には手を出せません。ですから、日々、祈りを通じて神様と会話しましょう。家庭や職場でも、聖歌・賛美歌・ゴスペルソングなどを歌いましょう。心の中で歌うのも、歌詞を思い出して味わうのも神様との交わりです。神様との交わりに歩み続けるクリスチャンにとって、悪魔は「認識すれども、恐るるに足らず」です。

聖書

「わたしは光として世に来ました。わたしを信じる者が、だれも闇の中にとどまることのないようにするためです。」

（新約聖書・ヨハネの福音書12章46節）

第2部

悪魔の雑談

悪魔の雑談（1）

ゲラサ・プロジェクト失敗を回顧する

ああ、
やっちまったー！
また、サタン様からお叱りだ。
御使いの策略か、
それとも悪霊仲間の裏切りか。
オレたちの会話が、
盗聴されて、
その音声データが人間界に
漏洩したらしいぞ。
ああ、どうしよう？
困った、困った！

（というわけで、今回、独自のルートにより悪霊の雑談の音声データを入手。データの中身は、日本支部の悪霊係長Aとその同僚悪霊Bの会話。その身の毛もよだつ話し合いを、特別に掲載します。）

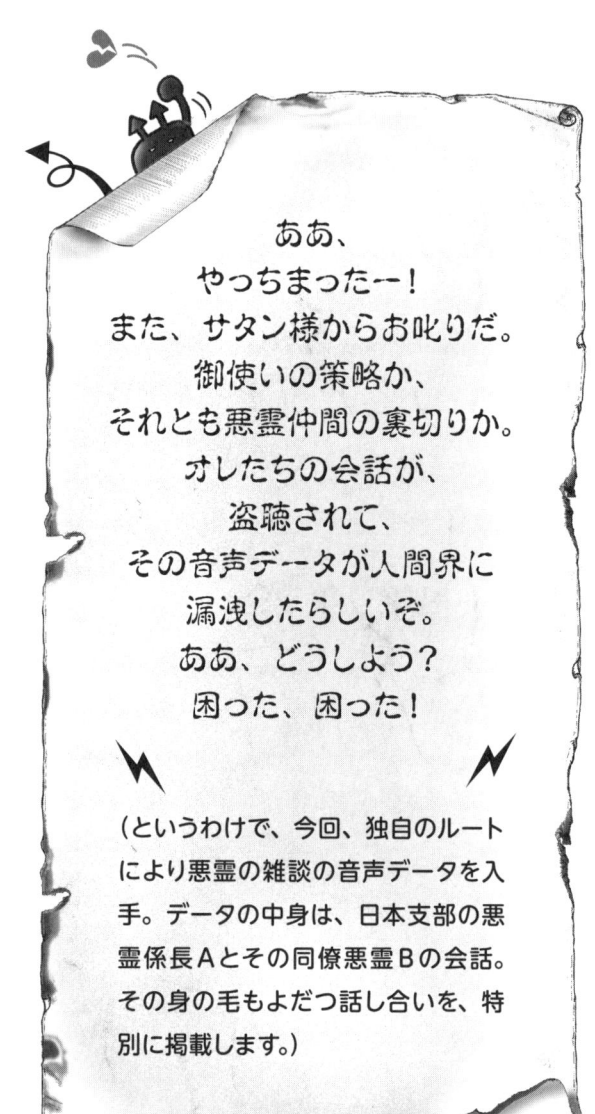

A「いやー、今日も忙しいよなー」

B「オレたちは年中無休、二十四時間営業だからな」

A「でもよー、たまには休みたいよなー」

B「おい、係長が何言ってんだよ」

A「もう、何千年も休んでないぞー。いつまで働き続けるんだ？　オレたち」

B「少なくともキリストの再臨まで、多分、オレたちが滅ぼされるまでだろうな」

A「がんばったら、オレたちに勝利はあるのかよ？」

B「あるわけないだろ。神の勝利とオレたちの滅びは、決定事項。あとは、一緒に滅んでくれる人間どもを一人でも増やすしかないだろう」

A「それってリーグ優勝が決まったあとの消化試合だよなー。往生際の悪い嫌がらせみたいで、性格悪くないか？」

B「オレたち、悪霊は性格悪いんだよ！　嫌がらせとか、そういう負のモチベーションでこそ、燃えるんだろうが！」

A「実は、オレ、二千年前にヘタこいて、ずっと窓際なんだ」

B「二千年前は、どこの営業所だったんだ？」

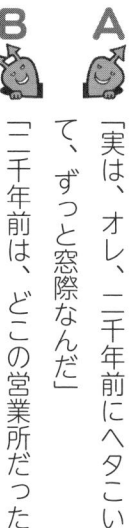

A「ゲラサ*18営業所の所長だったぞ」

B「おまえ、すごいじゃん」

A「当時は、期待のホープと呼ばれていたぞ」

B「それがどうして……」

A「ゲラサ・プロジェクトが大失敗に終わってさー」

B「何だよ？　そのゲラサ・プロジェクトって？」

A「営業所員全員二千人の悪霊が一人の人間に取り付くという画期的作戦だ。ゲラサの住民もビビりまくりで、恐れに支配されていたぞ。神の付け入る隙もなく、大成功だと思ったんだけどよー」

B「ところが、イエスが来たってわけか？」

A「もう最低、最悪だぞ。使徒やエクソシストどころか、御名のご本人、本家本元なんだから」

B「それであの判断か？」

A「オレの出世だけでなく、部下二千人の生活がかかってるからなー。まずは苦しめないでくれとお願いだ」

B「でも、名前聞かれただろ？」

A「ここは正直に、ＡＫＭ２０００とユニット名を答えたぞ」

B「なんだその、ＡＫＭ２０００って？　ＡＫＢ48のパクリか？」

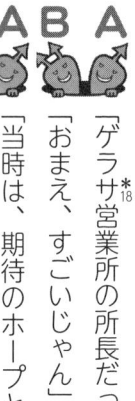

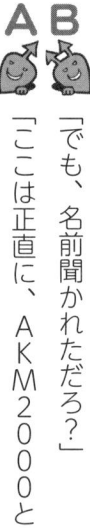

A「AKUMAの頭文字をとってAKM2000だ」

B「みえみえの嘘つくなよ。おまえ、レギオンと答えたんだろ」

A「どうして、嘘だってわかったんだ?」

B「聖書に書いてあるだろーが!」

A「あっ、そうか」

B「おまえが、二千年連続ノルマ未達成なのが、わかるような気がするよ」

A「聖書を知っているなら話は早いな。正直にレギオンと答えても追い出されそうなんで、ひたすら懇願だ」

B「それであの追い出し先指定か?」

A「何とか豚で譲歩してもらおうと交渉だ」

B「とりあえず、豚に乗り移るのが許可されてよかったな」

A「豚は溺れ死んだけど、オレたちは何とか命拾いだ」

B「すごいよなー、おまえって、聖書に記録されてるんだから、世界的に有名な悪霊じゃん」

A「何言ってんだ! オレの惨めな敗北とキリストの勝利が、二千年にわたって世界中に伝えられて、サタン様からは、歴史的敗北、末代までの恥さらしとお叱りをいただ

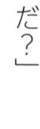

いたぞ」

B「それは、大変だったな、それで、その後はどうだったんだ？」

A「いつかは、体制を建て直して営業再開と思ったんだけどよー」

B「どうしたんだ？」

A「取りついていた男が、ゲラサに留まってイエスの証しをし始めたんだ」

B「そいつ、イエスのお供を志願したんだろ？」

A「でも、イエスが、ゲラサに留まるよう説得してさー、まずは、家族や地域に証しをさせたんだよ。そこからイエスへの信仰が広まっち

やってさー」

B　「その後の営業成績は悲惨だったろうな」

A　「その通りだよ。おかげでサタン様のお怒りをかって、左遷。その後も極度の不振で二千年連続のノルマ未達成だ。一度くらい休んでリフレッシュしたいぞ」

B　「まあ、おまえの気持ちはわかったが、がんばれよ。日本には希望があるぞ」

A　「そうか?」

B　「そうだとも!　現代日本でこそ、ゲラサ・プロジェクトのリベンジだ」

＊18…「ゲラサ」…新約聖書・ルカの福音書8章26～39節にある地名。

悪魔の雑談（2）

日本でのリベンジを語る

A「ゲラサのリベンジが、今、日本でできるのか？」

B「そうだとも。ゲラサでの惨敗の中にも、次の勝利のヒントがあったよな」

A「うーん」

B「考えてみろよ」

A「そうか、わかったぞ！　ゲラサ人たちの反応だろ？」

B「そのとおり」

A「ありがとうよ。あー、何で二千年間も思いつかなかったんだろう」

B「本当によかったな」

A「悪霊を追い出したイエスを、歓迎するどころか、ゲラサ人たちは追い出したんだよなー」

B「そうそう、それそれ」

A「悪霊を追い出したのに、自分が追い出されるとは、イエスも敵ながら哀れだな」

B「悪霊がイエスに同情してどうするんだよ。オマエ悪霊のくせにいいやつ過ぎないか？」

A「そこがオレの欠点なんだ。サタン

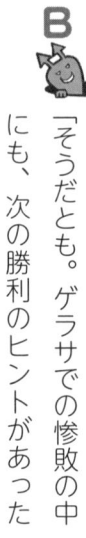

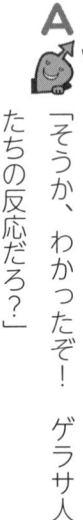

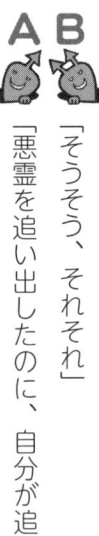

様にも指摘されたしな」

B「追い出されたイエスもトホホだが、もっとトホホなのは、ゲラサ人たちだろ?」

A「そうだな、一人の人間の回復を喜ぶよりも、豚の損失を悲しんだんだからな」

B「そういうことだよ」

A「一人の魂の救いより、自分たちの所有や利益が優先ってことだよなー」

B「これはヒントになるだろ?」

A「おお、なるぞ」

B「一人の人間の回復に勝る豚二千匹とは……?」

A

「他者の救いより実は自分の損得が優先のクリスチャン、未信者の夫の救いを祈りつつも、本音は生活安定優先のクリスチャン妻、知人友人の救いを願いつつも、自己保身が先立ち、職場や社会で証しができないクリスチャン……」

B

「そうそう、損をしてまで、生活の安定を犠牲にしてまで、人間関係を壊してまでも人の救いを願おうとしない人間どもの自己中心性を利用するんだよ」

A

「そうなると、自分にとって不都合な場合は、イエスを追い出して、他者の救いなど願わないってことだよな?」

B

「豚二千匹を一人の魂の救いに優先させれば、こっちのもんだろ?日本のように豊かで平和で迫害も少ない社会ではこれが、有効なんだよ」

A

「イエスがいのちを捨てた一人のいのちよりも、オレたちが乗り移れば溺れ死ぬような豚のいのちを優先するんだからなー、こんなありがたい本末転倒はないぞ」

B

「リベンジの方法が決まったようだな」

A

「クリスチャンが教会外の実生活で、オレたち悪霊でなく、イエスを追い出してくれたら最高だよなー」

B「名付けて、『日本ゲラサ化作戦』っていうのはどうだ？」

A「そのネーミング、最高だぞ。二十一世紀は、日本ゲラサ化でリベンジだー！」

B「いいやつ系の悪霊は今日で終わったようだな」

A「ああ、本来の邪悪さが二千年ぶりによみがえってきたぞ」

B「もう、休みたいとか思わないだろ？」

A「もちろんだ。休んでる場合じゃないからな。今日も営業、がんばるぞ」

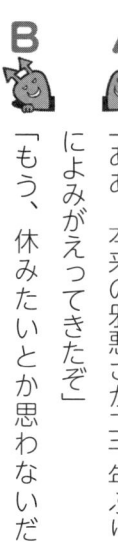

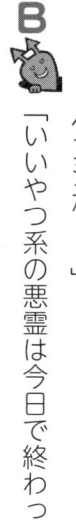

悪魔の雑談（3）

節分について語り合う

A「オレ、毎年、節分の季節になると不調なんだよなー」

B「どうしてだ?」

A「あれって、一種の悪霊追い出しだろ」

B「まあな、災いの原因である鬼を追放してるからな」

A「あれ見るとさー、オレ、気分落ち込んじゃうんだ」

B「どうしてだよ。イエスの御名によらない悪霊追い出しなんて、痛くもかゆくもないだろ」

A「それがさー、トラウマなんだよ。節分の豆まき見てると、二千年前ゲラサで追い出されたのを思い出すんだよー」

B「同情はするけど、いくらなんでも、それは過剰反応だろ」

A「経験者でないとわからんだろうが、本家本元の追い出しは、一度くらったら、二千年は立ち直れんぞ」

B「でもよー、節分って、オレたち悪

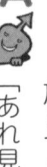

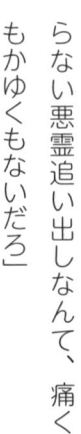

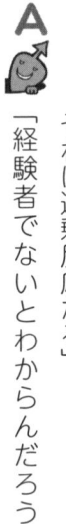

霊には好都合じゃないか？」

A「どこがだよ、オレは毎年、二月初旬は気分最悪だぞ」

B「『福は内、鬼は外』なんて、オレたち悪霊の本質が全くわかってないよな」

A「そうだな、オレたちは真の神から引き離すためなら、どんな福だって喜んで運んでやるのにさ」

B「逆に、神は、ノンクリ（ノンクリスチャン）が自分を見いだすように、あるいはクリスチャンの成長を願って、災いと思えるようなことを起こすよな」

A「そうとも知らずに、『福は内、鬼は外』なんて、神も悪魔もわかってない人間中心のペラペラ発想だぞ」

B「だから、節分はオレたちに都合がいいわけよ」

A「こうした日本の文化に触れながら、ノンクリたちは自然に、ご利益信仰的な宗教観をもつわけよ」

B「そうすれば、オレたちのもち込む福で大喜びして、真の神からは離れていくぞ」

A「でも、日本で生きている限りは、クリスチャンたちも多少は、ご利益信仰的な影響を受けているんじゃないか？」

B「そこだよ！ 自分より物質的に恵まれている未信者をうらやましがっているクリスチャンや『イエス様を信じているのにどうしてこんなこと？』なんて言ってるクリスチャンは、おいしいよな、誘惑のしがいがあるぞ」

A「そうだな」

B「それから、クリスチャンたちが、災いと思える事は何でもオレたちのせいにしてくれるとうれしいな」

A「事故や病気、夫婦や子育ての問題も、悪霊のせいってことか？ 自分の不注意や不摂生、みことばに従わないことの刈り取りを、オレたちのせいにされても迷惑だぞ」

B「何言ってんだ！ 迷惑どころか名誉だろ。働いてもいないのに業績にしてもらえるんだぞ。それにそうした発想は何よりありがたいだろ？」

A「そうだよなー。福＝神、災い＝悪魔と短絡的に考えて、自分の足りなさや、不従順や、罪を考えないなんて、もう、うれしくてたまらんよ」

B「『誘惑を福と見せかけ、悪魔は内に、試練を悪と錯覚させ、神は外へ』。これがオレたちの騙しのテクニックだ」

A「オマエ、人間界の天才詐欺師より上だな」

B「そんなに褒めるなよ。悪霊なら人間より賢いのは当然だろ？」

A「そうだったな、まあ、オレも節分の季節こそ、その作戦で、クリスチャンたちを欺いてやるぞ」

B「まあ、節分だけにマメ（豆）にやれよー」

A「ギャグだけは人間のオヤジ並みだなー」

B「はっ、はっ、はー。さあ、仕事、仕事」

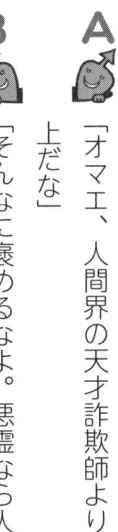

悪魔の雑談（4）

恐怖の「逆わらしべ長者作戦」

A「おい、わらしべ長者って知ってるか?」

B「ああ、日本の昔話だろ。一本のわらしべを資本に、物々交換を続けて、最後は長者になるって話だろ。そのわらしべ長者がどうしたんだ?」

A「クリスチャンって、『突然長者』じゃないかと思ってさ」

B「なるほどな」

A「神からの交換の申し出に応じて、一回の交換でいきなり長者様ってことだろ」

B「神は、罪のゆえに永遠に滅ぶ人間のいのちと、罪なき御子の永遠に生き続けるいのちの交換を申し出たわけだ」

A「たった一回、その交換の申し出に応じるだけで、永遠のいのちばかりか、天での栄光の富まで約束されるんだぜ。神の愛と人間が受ける恵みを思うとムカつくだろ?」

B「一回限りで、突然長者なんて、超ムカつくな」

A「そこで、いい作戦を思いついたんだ」

B「何だよ?」

A「名付けて『逆わらしべ長者作戦』だ」

B「神から受けた恵みを、より価値の低い物と交換させるってことだな」

A「あいつら、意外と長者の自覚がないよな。オレたちの目くらませの成果だけどな」

B「確かにオレたちの日々の努力の成果だ。すでに受けている恵みの深さ、将来約束されている恵みの豊かさを、オレたち悪霊の百万分の一もわかってないからな」

A「まさに、そこに付け込んで、逆わらしべ交換の誘惑をするんだ」

B「目に見えない恵みを、目に見えるものに……」

A「永遠の恵みを、一時的な快楽に……」

B「神からの栄誉を地上での成功に」

A「これって、いけるだろ」

B「おお、いけるな。創世記で言えば、日本のクリスチャンたちを、アブラハムでなくロト[19]に、ヤコブ[20]でなくエサウ[20]にするってことよ」

A「ロトなんか、自分がすべて、この世がすべて、見えるものがすべての三拍子。エサウも目に見えぬ霊

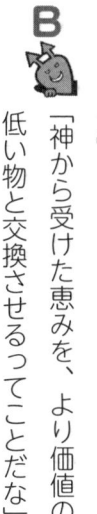

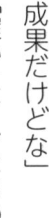

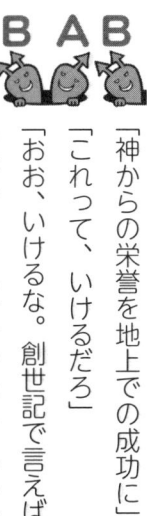

的祝福を目の前の食い物と交換する俗悪ぶり。最高だぞ」

B「あとは具体的な交換アイテムをどうするかだ」

A「たとえば、何があるかな?」

B「賛美歌にあったよな『世の楽しみ、富、知識、なが心を誘うとき』＊って」

A「快楽、財産、学歴か、その三つって、いつの時代も有効だよな」

B「また、年齢層によっても、効果的な誘惑は違うだろ。青年期は、恋愛・結婚、中年期は、お金や生活の安定、晩年は健康や地位名誉だ」

A「なるほど、交換アイテムは世代別ってことか。よし、具体案も固ま

＊『教会福音讃美歌』413 番

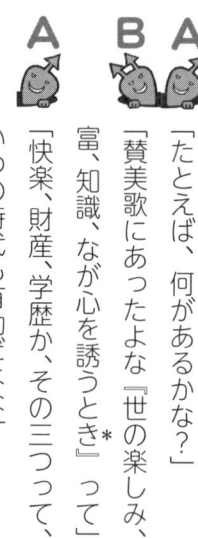

ってきたところで、今日も営業だ」

B
「日本の突然長者たちを誘惑して、逆わらしべ長者にするんだ」

A
「おう、任せとけ。すでに受けている恵み、天で約束されている恵みを、いろいろなものと交換させ、地上で終わるわらしべ一本のようなものだけにしてやるぞ」

＊19…旧約聖書・創世記に書かれている出来事。ロトは目によく見える地を選んだ。＊20…創世記25章に書かれている。エサウは一時の空腹を満たすために、長子の権利をヤコブに譲った。

悪魔の雑談(5)

イスラエル根絶やし作戦失敗に学ぶ

A「そういえば、オレの昔の上司、大変だったぞ」

B「どんな上司だ?」

A「あの方は、イスラエル根絶やし作戦のリーダーだったな」

B「神の民の根絶やしは、旧約時代の定番の作戦だが、どの時代の作戦だ」

A「創世記のヨセフ*21だよ」

B「じゃあ、ヨセフを試練・不条理・雨あられ状態にしたのはその上司か?」

A「そうそう、兄たちに殺されかけーの、奴隷として売られーの、ポティファルの妻に陥れられーの、無実の罪で牢獄生活させられーの、恩を施した献酌官には忘れられーの。全部オレの元上司の仕業よ」

B「見事な攻撃だったよな。でも、ヨセフは、神に失望せず、幻の実現をあきらめなかったよな」

A「ああ、神はヨセフと共にいたし、ヨセフも神の臨在を信じていたからな」

B「神が自分と共にいるという臨在信仰、あれは、本当にやっかいだぞ」

A「自分にも神にも失望してくれないからな」

B「ヨセフを苦しめてきた人の悪も、最終的には、全てが益に変えられただろ？」

A「そうなんだよ。ヨセフはエジプトの総理大臣になるわ、神の民はエジプトで生き延びるわ、ヨセフも兄たちを赦してしまうわで、もう大変だよ」

B「イスラエルは衰退どころか、ますます繁栄しちゃうしな」

A「結局、神がヨセフに示した幻が実

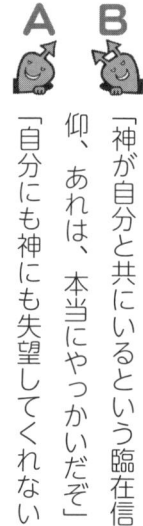

現するしな」

B「数十年を費やした攻撃さえも、すべて神の摂理*22の手の中にあったってことか」

A「悔しいが、オレたちはどうしたって神には勝てないさ」

B「そもそも物質しか見えない人間が、なぜ見えもしない神の臨在を信じて、まだ見えない幻の実現を信じて歩むことができるのかな?」

A「それこそが、神が人間に与えた恵み、信仰だろうが！　見えない霊的事実を、見えるかのように事実として受け止め、それに立って生きる。これが何よりやっかいだ」

B「それなら、日本のクリスチャンがヨセフのようにならないことだ」

A「その通り。ヨセフが幻の実現を信じて歩み通したように、聖書のことばの成就を信じて、歩ませないことだ」

B「ならば、もう一つは、すべてを働かせて益に変える神の摂理の業を実体験しないことだ」

A「すべてを益とする神などは、聖書の中だけのお話、他人事にしておきたいな」

B「そのためには、どうすればいいかなー?」

A「聖書のことばを観念化させ、聖書

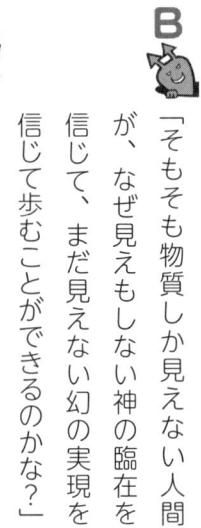

が伝える事実を教理の世界にだけ押し込めるんだ」

B「体験も実現もない聖書のことばってことか！　それなら、二十一世紀の日本には神の業の前進はないだろうよ」

A「うまくいけば、あと百年は安泰だ。フッ、フッ、フッ」

＊21…ヨセフ物語は旧約聖書・創世記37章～50章に書かれている。＊22「摂理」…キリスト教では神の意志のこと。

神対サタンの直接対決、ヨブ戦を解説する

A「オレたちにとって、人類最強の敵は誰だと思う?」

B「そうだな、モーセもパウロも強敵だったが、オレはヨブ*23だと思うぞ」

A「サタン様の猛攻撃を耐え抜いたのだから最強だろうよ」

B「聖書を読むと、ほぼ実況中継だもんな」

A「でも、ヨブってムカつくよな、神のご自慢の信仰者なんてよ」

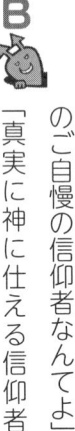

B「真実に神に仕える信仰者を見ると、ケチつけずにはいられないぞ」

A「サタン様は、オレたちの思いを代表して、ご利益信仰だと訴えたんだろうな」

B「オレもそう思うよ」

A「さすがはサタン様。神に直接挑戦状を叩きつけたんだから」

B「神とサタン様のガチンコ勝負だもんな。いわば頂上対決だ」

A「試合開始直後のサタン様の鮮やかな攻撃を見て、一ラウンドKO勝ちだと思ったんだけどな」

B「オレもそう思ったよ。莫大な財産

と七人の息子と三人の娘たちをあっという間に失ったんだからな。もう、神を呪うしかないだろう」

A「でも、ヨブの応答には、観戦していたオレたちが、KOされそうだったぞ」

B「そうだよなー。『主は与え、主は取られる。主の御名はほむべきかな』[*24]ってよー」

A「どんだけ、神を絶対者として信頼してんの？　これには正直、参ったわー」

B「でも、サタン様は攻撃の手を緩めなかったよな」

A「第二ラウンドの開始だ」

B「次はヨブの健康を奪ったわけだ」

A「ヨブの奴、ひどい皮膚病で苦しんでたよな」

B「当時、この手の皮膚病は社会的な死を意味していたしな」

A「病の苦しみだけでなく、社会から疎外される苦しみも味わっていたわけだ」

B「続く妻を通じての攻撃もまた、見事だったな」

A「でも、サタン様は、なぜ、子どもは奪って、妻は残したんだろう？」

B「おまえは、どう思う？」

A「親子は別人格だけど、夫婦は一体

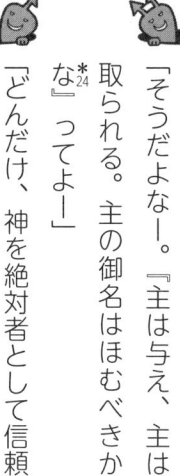

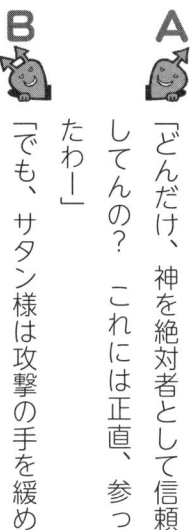

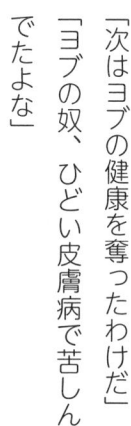

だからじゃないのか」

B「オレは別の見解だ」

A「別の見解って？」

B「サタン様は、妻にあのことばを言わせるために、あえて生き残らせたと思うんだ」

A「あの『神を呪って死になさい』[*25]ってことばか」

B「そうだ。ヨブにとっては、妻との死別より、そのことばのほうが、絶望的だと思うぞ」

A「なるほど、愛妻家のヨブにとっては、子どもを失った妻が、神を呪い、その妻から不信仰なことばで突き放されるのは、死ぬほどの苦しみだったに違いないな」

B「でも、その攻撃も不発に終わっちゃうし」

A「ありえんよな。幸いを神から受けるのだから、災いも受けるなんて！ ご利益信仰のかけらもないじゃないか」

B「病の苦しみにも、妻の不信仰なことばにも、神への忠実さは揺るがないんだから……」

A「でも、サタン様の攻撃は続いて、戦いは第三ラウンドに移るわけだ」

B「病でも妻でもダメなら、次は友人だ」

A「ヨブの苦難を知り、駆け付けた友

人たちは、七日間一言もヨブに話しかけなかったよな」

B　「社会的に死を宣告されたも同然のヨブを訪ねる自己犠牲とか、苦しみに深く共感するあまりの七日間の無言とか、もう、究極の友情だよな」

A　「でも、サタン様は、なぜ、すぐに友人たちに責めさせなかったんだろう?」

B　「おまえ、わかってないなー。そこまでの深い友情があったからこそ、次の攻撃が効果的になるんだよ」

A　「あっ、そうか、手のひら返しってわけか。そのギャップがヨブをより苦しめるわけか」

B　「そういうことだよ」

A　「ヨブが自分の生まれた日を呪い始めた時は、今度こそ、サタン様の勝利だと思ったぞ」

B　「その後で友人たちが、因果応報思想で罪を犯したからに違いないと、ヨブを責め始めた時は、オレも勝利は時間の問題だと思ったけどな」

A　「友人たちとの壮絶な論争、ヨブの独白、後から参加したエリフの怒りの主張などは、まさに神対サタン様の代理戦だと感じたよ」

B　「意見が出尽くしたところで、ついに神がヨブに語り掛けるよな」

A「しかも、ヨブの問いかけには直接答えないから、驚きだ」

B「いや、サタン様との戦いのルール上、答えてはならないんだろうよ」

A「神はただ、創造と摂理を通じて、神の偉大さ、絶対性を認めるようヨブに迫ったよな」

B「ヨブはその語り掛けを受け、神の前にひれ伏した。悔しいが、ここで勝負あった」

A「ああ、我らがサタン様の敗北……」

B「ヨブの神への無条件降伏こそ、神の勝利、我らの敗北だ」

A「そうだよな。ヨブは最後まで、神対サタン様の代理戦という裏舞台を知らなかったんだよな」

B「絶対者を絶対者として、無条件で神の前にひれ伏されたら、サタン様でも勝ち目はないってことよ」

A「やはり、ヨブは最強だな。恐るべしヨブ」

B「いや、本当の最強は、神だろうよ。神に対するヨブの信頼はすごいが、ヨブに対する神の信頼は、さらにその上だろ」

A「なるほどな。裏舞台を明かさずとも、無条件でひれ伏すと信じていたわけだ」

B「ヨブほどではなくても、日本でも、

神に信頼されているクリスチャンは手ごわいから、覚悟しろよ」

A「じゃあ、手始めに、神に信頼されているんじゃなくて、神に心配されているクリスチャンから攻撃するとしようか」

B「それは、手堅くて、いい営業方針じゃないか」

A「おお、また、格言を思いついだぞ」

B「言ってみろよ」

A「『神様に　信頼されずに　心配され』っていうのはどうだ？」

B「おまえ、うまいこと言うな。傑作だぞ」

A「今日は、部下を引き連れて、日本

の『心配され系クリスチャン』を
誘惑に行くぞ」

B 
「神の祝福、いや、サタン様の呪い
が豊かにあるよう祈ってるぞ」

＊23…ヨブ物語は旧約聖書・ヨブ記に書かれている。
＊24…旧約聖書・ヨブ記1章21節。＊25…旧約聖書・
ヨブ記2章9節。

悪霊の雑談（7）

悪霊係長のエスニックジョークがウケる

A「エスニックジョークって知ってるか？」

B「ああ、各国の国民性をステレオタイプで表現することで、笑わせるジョークだろ？」

A「一つ傑作ができたから聞いてくれよ」

B「ああ、面白かったら笑ってやるよ」

A「もし、オレたち悪霊が、目に見える形で現れたら、各国のクリスチャンはどうするか？」

B「おっ、面白そうだな」

A「イタリア人なら、十字架を差し出して、対抗する」

B「それ、あるわ」

A「ドイツ人なら、攻撃が無益であることを論理的に説得する」

B「ありそうだな」

A「韓国人なら、熱烈に祈って、追い返す」

B「よくあるな」

A「アメリカ人なら、現金を渡して帰ってもらう」

B「あはは、あるかもな」

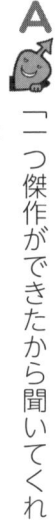

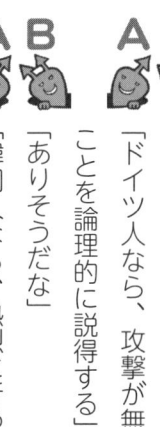

A「最後に日本人なら……」

B「日本人なら……？」

A「この状況でどうしたらよいか、牧師に電話をして相談する……」

B「それ、ありそー。超おもしれーな！最高だぜ」

A「この国民性、オレたちには都合いいよな」

B「協調性の高さは、裏返しにすれば、他者指向で主体性の乏しさにつながるからな」

A「国民性がマイナスに作用して、神の業を妨げているようすは、見ていてうれしいぞ」

B「聖書に立って自分の頭で考えて判

ジャ〜ン
せっ先生？
こんな時
一体どう
すれば？
えー…っと

断実行しなければ、いつまでも信仰的に自立しないからな」

A「そうなれば、牧師依存体質で、教会が建て上がらないしな」

B「おかげで日本での営業活動は、おおむね順調ってわけだ」

A「この国民性のマイナス面が福音によって克服されないよう願うばかりだよ」

B「そうそう、日本人クリスチャンにならず、いつまでも、クリスチャン日本人でいてほしいぞ」

A「神の民であるより、日本人であることが優先ってことだな」

B「ああ、根本的な価値観が福音によって転換されなければ、安泰だ」

A「でもよー、もし、国民性のマイナス面が克服されたらどうなるんだ？」

B「その時は、国民性のプラス面とされる協調性の高さ、忠実さ、組織力、ち密さなどが、神の働きの前進に用いられていくだろうな」

A「うわー、想像しただけで、身震いするわー」

B「油断すると、日本はヤバいぞ」

A「じゃあ、今日も気を引き締めて、営業だ」

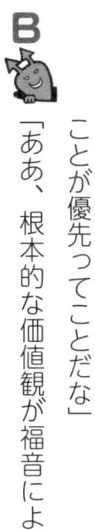

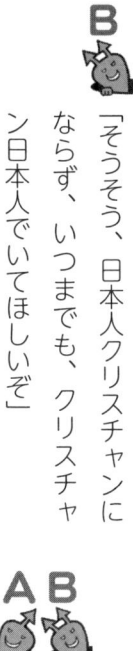

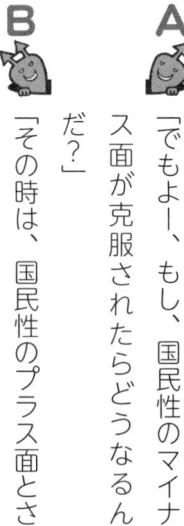

悪魔の雑談⑧

教会一致の手ごわさと孤軍奮闘のありがたさを語る

A 「おう、最近どうだ？」

B 「今は、担当教会の分裂工作で頑張ってるぞ」

A 「やっぱり、オレたちにとっては、教会の分裂っておいしいよなー」

B 「分裂すれば、反撃の力も分散するし、教会を離れて孤立したクリスチャンは格好の餌食だからなー。そう考えると、初期のコリント教会を思い出すよ」

A 「おまえも担当の一人だったんだろ？」

B 「確かに初期は、聖書にある通りの楽勝だったぞ」

A 「コリント社会の価値観から転換できていないベイビークリスチャンばかりだったしなー」

B 「神様より、指導者についてしまう未熟さからの分裂。賜物オタクばかりで、兄弟姉妹に興味のない愛のなさからの分裂。主の食卓では、富裕層だけ先に飲み食いして、貧困層を省みずに社会的身分からの分裂……」

A 「ちょっと、肉的な思いを吹き込めば、簡単に分裂に向かうんだから

楽勝だよな」

B 「まあな。でも、その後、パウロの介入と指導で、悔い改めるわ、改革を断行するわで、オレたちの営業努力も水の泡だ」

A 「くそー、パウロの奴め。本当に忌々しい」

B 「おまえも、パウロに恨みがあるのか?」

A 「大ありだよ！　ローマ教会の分裂工作は、パウロのおかげで大失敗だ」

B 「ユダヤ人と異邦人で分裂するのを狙ったんだろ?」

A 「ああ、飲酒と偶像にささげた肉の問題で、分裂すると思ったんだが、パウロの指導で一致を保ってしまったんだ」

B 「奴隷と主人の間ではどうだった?」

A 「期待したんだけどなー。ところが、奴隷が礼拝司会で、主人が初心者信徒でＯＫだったんだよ。それどころか、新約聖書・ローマ人への手紙一六章一六節にあるように、奴隷と主人が同性どうしで口づけしちゃってさー、当時の身分社会に、神様にある愛を、最高のインパクトで証ししてくれちゃったもんなー」

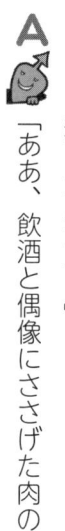

B「チーム一丸、強敵教会の担当だったんだな。同情するよ」

A「新約聖書・ローマ人への手紙一六章の前半の挨拶に登場する名前の羅列を読むと、今でも悪夢がよみがえるわー」

B「確かに、男性と女性の名前、ユダヤ人と異邦人の名前、奴隷とその主人だっただろう富裕層、王族の名前が並んで書かれているよな。まさに違いを超えた一致の姿だ」

A「さらに、一七節以降にあるように、正統な教えに背いて、分裂とつまずきをもたらす者たちについても、パウロが警告したから、分裂工作は失敗に終わったんだ」

B「それで、あの一六章二〇節、絶望の約束なんだな」

A「『平和の神は、速やかに、あなたがたの足の下でサタンを踏み砕いてくださいます』なんて、オレたち悪霊には、夢も希望もないよな。まさに絶望。ローマ教会とパウロ、超ムカつくわ!」

B「教会の愛に満ちた交わり、違いを超えた一致ほど、やっかいなものはないからな」

A「日本の教会が、ローマ教会のようでなく、初期のコリント教会のようであってほしいぞ」

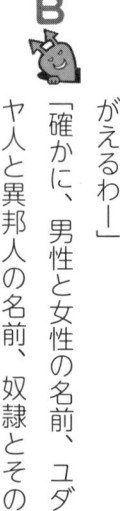

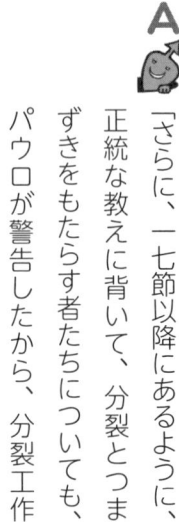

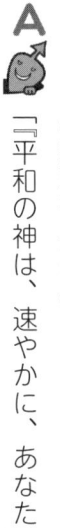

B「オレたちの戦いは、団体戦。悪魔・悪霊軍団VSキリスト教会の戦いだから、一番手ごわいのは、チーム一丸となって戦ってくる教会だ」

A「でも、クリスチャンたちは、悪魔との戦いが団体戦だって、わかっていないよな」

B「そうだな。悪魔・悪霊軍団VSキリスト教会の団体戦ではなく、悪魔VS自分の個人戦だと思ってくれていると、ありがたいよなー。いかに、クリスチャンを孤軍奮闘状態に誘導するかも、オレたちの課題だもんな」

A「やっぱり、教会の交わりを離れて

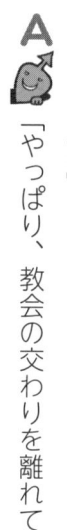

個人で信仰生活をしてくれると助かるわー」

B 「それから、教会生活を送っていても、交わりを避けて、祈りや励ましに支えられず個人戦をしてくれるクリスチャンも、ありがたいぞ」

A 「間違っても、誘惑や弱さも話して、支え合う正直な交わりだけは、つくらないでほしいな」

B 「ということで、今から、担当教会に行って分裂工作してくるわ」

A 「邪悪な思いを吹き入れて、御霊の一致、キリストにある一致を破壊するんだぞ」

B 「交わりを分断すれば、教会は弱体化。孤軍奮闘するクリスチャンが増えれば、こっちのもんよ」

A 「後は、指導者や信徒が聖書を真に受けて、パウロみたいなことをしないことだな……」

B 「……それな」

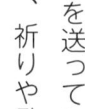

第3部

悪魔のおまけ

〔1〕悪魔の年賀状

あけましておめでとうございます。

私、悪魔、並びに悪霊一同より、新年のごあいさつを申し上げます。

旧年中は、私どもが吹き入れる邪悪な思いに、しばしばご賛同いただき、時にはそれを実行に移し、何度も神の御名を汚してくださり、大変お世話になりました。さらに、それらを真実に悔い改めることもなく、一年を過ごしていただきましたことは、神の赦しと回復の恵みとを自ら拒否することであり、私どもにとりまして何よりの励ましとなりました。

控え目な礼拝出席、形式的な礼拝姿勢、表面的な教会での交わり、従う意志のない聖書の読み方、自分中心の願い事ばかりの祈りなどを通じて、救いの確信を失いかけ、自らを省みることなく人をさばいてばかりの信仰生活には、感謝のことばもございません。まことに旧年中はお世話になりました。

　ただ、兄弟姉妹の祈りや牧師の適切な指導さえなければ、さらに神なき素晴らしい世界をご一緒できたであろうことを思います時に、まことに悔やまれる次第でございます。

　さて本年も引き続き、気の向いた時だけ聖書を読み、決して神に本気で期待することなく祈り、兄弟姉妹とは建前だけの交わりにとどめていただき、仕事と家庭に信仰は持ち込まず、「生教分離の原則」を徹底され、世と調子を合わせていただき、忌々しい神の栄光を現すことのございませんように、どうかよろ

しくお願いします。

また、新年を機に、真実に悔い改める、神に立ち返る、神に従う決断をするなどの暴挙だけは、くれぐれもご容赦いただきますよう切にお願い申し上げます。

新しい年を迎え、私どもも全力をあげまして、あなたさまが世の楽しみ、自己実現などに邁進し、神なき世界を満喫されますようご誘惑申し上げます。

そして、いつの日か教会生活を離れ、キリストへの信仰もお捨ていただき、私どもと永遠を共にしていただければ光栄至極にございます。

（2）悪魔の感謝状

元旦あるいは新年聖会などを機になさった決断をすでに実行できずにおられることに、悪魔・悪霊一同、心より感謝申し上げます。

「今年こそ毎日ディボーション」「家族の救いのため毎日祈る」「忠実に礼拝・奉仕」「職場で証し」「神さまに従う生活」などの大決断が、二週間もたたぬうちに崩壊しておられる姿を拝見し、大変励まされております。

そもそも、何かを決断し、実行・継続しようなど、信仰的ではないと賢明なあなたさまは、すでにお気づきでしょう。すべては神の恵み、そして、天国への切符も手にしているのですから、よい行いとか、神の栄光を現そうとか、そういう肉的努力は不要なのです。

しばらくはご心配申し上げておりましたが、形状記憶合金のようにご回復され、悪魔・悪霊一同、一安心でございます。今後も神の恵みを根拠に努力を怠るその信仰姿勢を貫いていただければと願います。

「今からでも遅くない！」などと一念発起し、失敗しても悔い改めて再チャレンジなさるなどの暴挙だけはどうか、ご遠慮いただきたく願います。神の恵みのしぶとさは、私どもがもっとも嫌悪するものでございますから。そのたびごとに、あなたさまを誘惑したり、福音の真理の輝きを覆い隠したりと、ただでさえ多忙な中、業務が増えるので、どうかご勘弁を。

これからも、何事も継続されず、積み上げのない、いつまでも同じレベルで年中行事をくり返すだけの信仰生活を送られますよう期待しております。そうした信仰生活に疑問を感じ、牧師や先輩クリスチャンに相談することなく、いつの日か、そうしたマンネリ信仰生活に疲れを覚え、教会生活もお休みいただければ、望外の感謝でございます。

（3）悪魔の表彰状

「キリストにはかえられません」* との賛美を以前のあなたさまは、心から歌っておられました。その賛美をお聴きし、私どもは、どれだけ恐怖に怯えていたかわかりません。

思い起こせば、救われて後の数年間、あなたさまは、ご自分の快楽や都合、利害関係などをキリストに優先することがあれば、深く嘆き悲しみ、悔い改めておられました。

しかし、今や目の前の快楽や都合、損得を理由に、躊躇することなく、キリストを世のものと取り替え、しかも悔い改めもせず、日々を過ごしておられます。あなたさまの「キリストと、あれこれ換えていますが、それが何か？」と言わんばかりの信仰スタイルは、最大の賞賛に値する

＊『教会福音讃美歌』465 番

ものであります。

さらには、その信仰スタイルは、多くの後輩クリスチャンたちのつまずきになっており、悪魔・悪霊一同、拍手喝采でございます。そこで、このたび、その功績を称えて、ここに表彰させていただきます。心からお祝い申し上げます。

そもそも、神という方は、アダムに知識の実を禁じて、それを破ればエデンの園から追い出し、空腹のあまりにスープと長子の権利とを取り替えたエサウを「俗悪者」と呼ぶような冷たい方なのです。私どもも、神の栄光と自分の栄光の取り替えを、ちょっと試みただけで、永遠の滅びに突き落とされてしまいました。

神に従っていくなら、目の前の楽しいことは全部お預けです。自分のしたいことを、自分のしたい時に、したいようにする！　これが本来の自由であります。そのとき、その場の自分の気持ちに正直に生きる！

これが純粋なのです。将来の祝福とか永遠だとかは不純な打算にすぎません。あなたさまの歩みこそ、自由で純粋であり、すべてのクリスチャンの模範でございます。

つきましては、これからも、世の宝、富、誉れなどをキリストと次々と交換していただき、さらに多くのクリスチャンをつまずかせていただければとご期待申し上げております。重ねて、これまでの功績を称えますと共に、悪魔・悪霊一同、今後のさらなるご活躍をお祈り申し上げております。

キリ♫ーストーとー
かえてみましょ〜♪

悪霊係長から
お別れのごあいさつ

時々、思うんだよなー。「人間っていいな」って。

だって、オレたちと違って、悔い改めて神に立ち返ることができるんだからさ。

でも、クリスチャンたちって、意外とわかってないよなー。罪を赦されて永遠のいのちをいただくばかりか、その後の罪や過ちは悔い改めれば赦され、回復の道を歩める。あるがままで愛され、決して見放されず、見捨てられることがない。深い愛の取り扱いを受けて、キリストに似る者へと成長できて、神の栄光を現し、神の業に参与できる。最後は、天で栄光の富を相続して、イエスと共に永遠を生きる。もう、ありえんよなー。こんな恵み！

それなのに新約聖書・ペテロの手紙第一、一章八節に「ことばに尽くせない、栄えに満ちた喜びに躍っています」とあるようには、喜んでいないよなー。もっとも、オレたちが福音の輝きを見えないように欺いているんだけどな。

おっと、営業開始時間だ。さあ、一緒に滅んでもらう魂を獲得するために、今日も、営業、営業、営業！

じゃあ、そういうことで。また、今度、オレや同僚、部下たちが誘惑しに行くから、その時は、よろしくな。

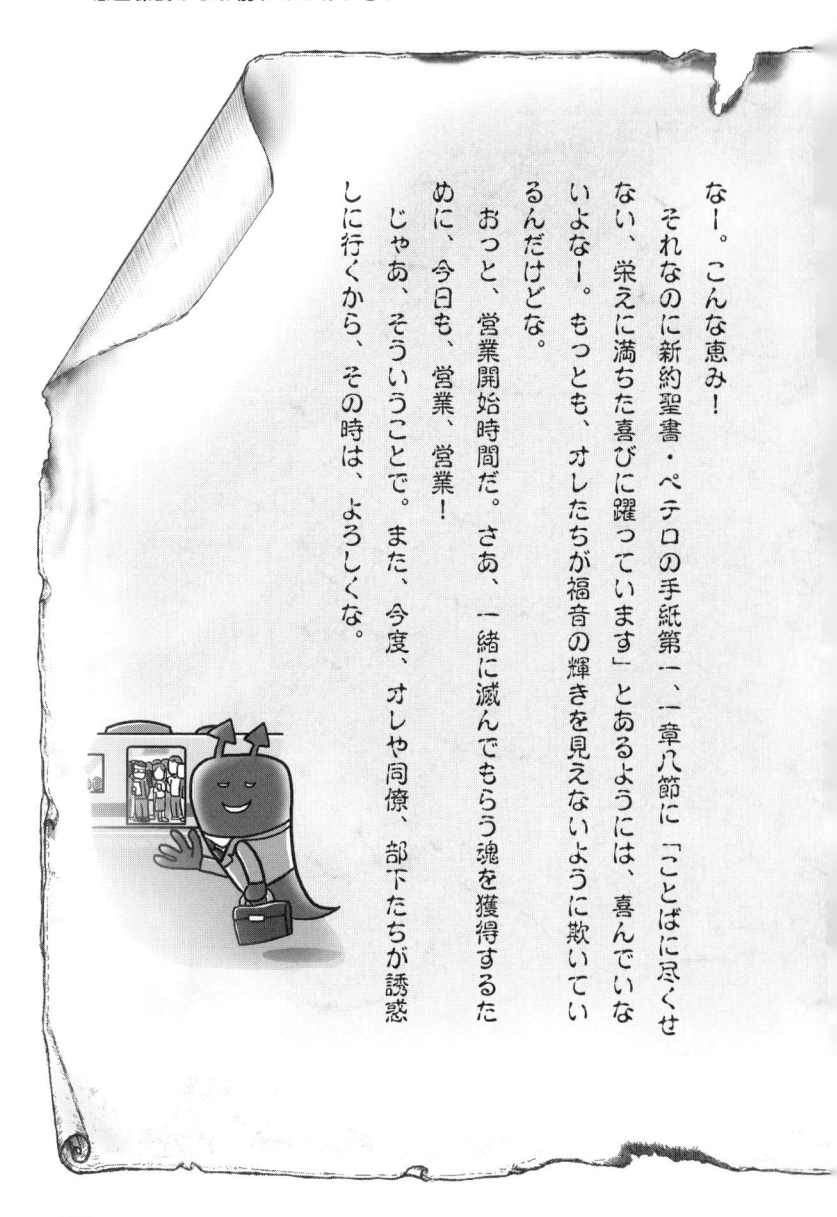

おわりに

いかがでしたでしょうか？　「逆視点からの恵み」を発見されたでしょうか？　逆視点に立つことで様々な気づきが与えられ、悔い改めに導かれたかもしれませんが、それも「逆視点からの恵み」として受け止めていただければ幸いです。

医学が普及し、霊媒師に頼る必要もなく、死が身近なものではなくなった現代にあって、悪霊がどう働いているか？　信教の自由が一定保障され、厳しい迫害がまりない日本社会にあって、悪霊はどのようにアプローチしているか？　そうしたことを想像しながら本著を記しました。

本著は、聖書が記す悪魔と悪霊を基に考えたフィクションです。しかし、事実と決定的に異なる点があります。それは、悪霊係長のようなお人よしで、間抜けな悪霊などいないということです。すべての悪霊は極めて邪悪で、狡猾であるに違いありません。どうか、その点は、誤解と油断をされませんように。

イエス様の十字架と復活によって、悪魔の敗北はすでに決定済みです。頭を踏み砕かれた蛇のように、悪魔・悪霊軍団の敗北は、今やカウントダウン状態。やがて、イエス様が再臨された後は、悪魔は最期を迎えます。それまで、一時的に一定の権威を与えられていますが、その権威の行使さえも、神様の深いご支配の中にあり、神様の赦しがあってのこと。

ですから、必要以上に悪魔を恐れる必要はありません。何より、イエス様と共に歩み続ければ、大丈夫。かと言って、悪魔がいないかのように、罪の誘惑や聖書と異なる思いに対して無防備でいるなら、それは危険。ですから、やはり、「恐れずとも、侮らず」というのが、対処の大原則かと思います。

最後になりますが、本著が二十一世紀の日本社会に生きる方々に、必要かつ大切な気づきを与え、悪魔からの誘惑と攻撃に対処しつつ、神様の栄光を現す歩みの一助となることを切に願い、お祈り申し上げます。

水谷　潔

【プロフィール】

水谷 潔（みずたに・きよし）

日本福音キリスト教会連合・春日井聖書教会協力牧師

キリスト教性教育研究会・会長

1961年生まれ。高校教師を経て伝道者の道へ。母教会での10年の働きの後、「小さないのちを守る会」の主事、代表を歴任。

金城学院大学、名古屋大学医学部非常勤講師の経験があり、ラジオ福音放送「世の光・ジェネレーションX」のパーソナリティー、ブラックゴスペルクワイヤーのチャプレンなども務める。

著書に『チョット聞けない男女のお・は・な・し Z』、『ヤンキー牧師の“必笑”恋愛塾』『小さなツッコミ大きなお世話』『それって大丈夫？～いまどきクリスチャンへの２４の問いかけ』『痛おもしろ結婚塾』『聖なる婚活へようこそ』（いずれもいのちのことば社）がある。

家族は妻と娘が一人。

悪魔の格言 逆視点からの恵みの発見

2019年12月15日発行
2025年１月10日 5刷

著　者　水谷 潔
作　画　のだ ますみ
装　丁　Yoshida grafica 吉田ようこ
印刷製本　三和印刷株式会社
発　行　いのちのことば社
〒164-0001 東京都中野区中野2-1-5
電話 03-5341-6923（編集）
03-5341-6920（営業）
FAX 03-5341-6921
e-mail:support@wlpm.or.jp
http://www.wlpm.or.jp/

ISBN 978-4-264-04088-0